De diligendo Deo
"Deus há de ser amado"

Dados Internacionais de Catalogação na Publicação (CIP)
(Câmara Brasileira do Livro, SP, Brasil)

Bernardo de Claraval, São
  De diligendo Deo : "Deus há de ser amado" / São Bernardo de Claraval ; tradução de Matteo Raschietti. – Petrópolis, RJ : Vozes, 2010. – (Série Clássicos da Espiritualidade)

  Título original : De diligendo Deo

  2ª reimpressão, 2024.

  ISBN 978-85-326-3959-2

  1. Deus – Adoração e amor 2. Graça (Teologia) 3. Livre-arbítrio e determinismo I. Título. II. Série.

09-12436   CDD-231.6

Índices para catálogo sistemático:
  1. Amor a Deus : Teologia dogmática cristã
      231.6
  2. Deus : Amor : Teologia dogmática cristã
      231.6

São Bernardo de Claraval

De diligendo Deo

"Deus há de ser amado"

Tradução de Matteo Raschietti

Petrópolis

Tradução do original em latim intitulado *De diligendo Deo*

© desta tradução:
2010, Editora Vozes Ltda.
Rua Frei Luís, 100
25689-900 Petrópolis, RJ
www.vozes.com.br
Brasil

Todos os direitos reservados. Nenhuma parte desta obra poderá ser reproduzida ou transmitida por qualquer forma e/ou quaisquer meios (eletrônico ou mecânico, incluindo fotocópia e gravação) ou arquivada em qualquer sistema ou banco de dados sem permissão escrita da editora.

CONSELHO EDITORIAL	PRODUÇÃO EDITORIAL
Diretor	Aline L.R. de Barros
Volney J. Berkenbrock	Marcelo Telles
	Mirela de Oliveira
Editores	Otaviano M. Cunha
Aline dos Santos Carneiro	Rafael de Oliveira
Edrian Josué Pasini	Samuel Rezende
Marilac Loraine Oleniki	Vanessa Luz
Welder Lancieri Marchini	Verônica M. Guedes
Conselheiros	**Conselho de projetos editoriais**
Elói Dionísio Piva	Isabelle Theodora R.S. Martins
Francisco Morás	Luísa Ramos M. Lorenzi
Gilberto Gonçalves Garcia	Natália França
Ludovico Garmus	Priscilla A.F. Alves
Teobaldo Heidemann	

Secretário executivo
Leonardo A.R.T. dos Santos

Editoração: Fernando Sergio Olivetti da Rocha
Projeto gráfico: AG.SR Desenv. Gráfico
Capa: Juliana Teresa Hannickel
Ilustração: Cláudio Pastro

ISBN 978-85-326-3959-2

Este livro foi composto e impresso pela Editora Vozes Ltda.

Sumário

Prefácio, 7

I Por que e em que modo Deus há de ser amado?, 9

II Como Deus merece ser amado pelo homem, para os bens do corpo e da alma; em que modo esses bens devem ser reconhecidos sem que haja ofensa para aquele que doa, 11

III Quantos estímulos têm os cristãos para amar a Deus em relação aos infiéis, 16

IV Quem são aqueles que recebem consolação da lembrança de Deus: os que são mais merecedores do amor dele, 20

V Quanto incumba ao cristão a dívida do amor, 24

VI Breve recapitulação e resumo das coisas anteriormente ditas, 27

VII Deus não é amado sem fruto e sem recompensa; o desejo do coração humano não é saciado com coisas terrenas, 29

VIII Sobre o primeiro grau do amor, com o qual o homem ama-se por causa de si mesmo, 36

IX Sobre o segundo e o terceiro grau do amor, 39

X Sobre o quarto grau do amor, quando o homem ama-se só por causa de Deus, 41

XI Esta perfeição do amor não corresponde ainda às almas desprendidas dos bem-aventurados antes da ressurreição, 45

XII Sobre a caridade, a partir da carta escrita para os cartuxos, 50

XIII Sobre a lei da vontade própria e da cobiça, dos escravos e dos mercenários, 53

XIV Sobre a lei da caridade dos filhos, 55

XV Sobre os quatro graus do amor e o estado de felicidade na pátria celestial, 57

Prefácio

Ao homem ilustre, Senhor Aimerico, cardeal diácono e chanceler da Igreja Romana, Bernardo, conhecido como Abade de Claraval; viver para o Senhor e, no Senhor, morrer.

Vós tínheis por hábito pedir-me orações e não questões a resolver; eu, porém, acredito não ser competente para nenhum dos dois pedidos. Na realidade, minha profissão prescreve o primeiro, embora esta não seja minha prática; quanto ao segundo, para falar a verdade, vejo que me faltam aquelas coisas que seriam mais necessárias, o zelo e o engenho.

Entretanto, reconheço que agrada-me o fato de vós começardes com as questões espirituais no lugar das desse mundo, embora seria melhor fazer isso com alguém bem mais confiável do que eu. Sendo que, porém, é do feitio dos sábios e dos ignorantes apresentar esse tipo de desculpa, não é fácil saber qual provenha da incompetência e qual da modéstia, até que a realização da tarefa exigida não comprove isso: aceitai de minha pobreza aquilo que eu tenho, pois, se eu calasse, daria a impressão de ser um filósofo. Mas não prometo que responderei a todas as questões. Somente àquela em que vós procurais saber como Deus há de ser amado, procurarei retribuir com aquilo que Ele mesmo concederá. Isso, com efeito, é o que tem o sabor mais doce e é tratado com mais segurança, e que, com maior utilidade, se ouve. Guardai as questões remanescentes para os mais competentes.

I
Por que e em que modo Deus há de ser amado?

1 Vós quereis ouvir de mim por que e em que modo Deus há de ser amado? E eu vos respondo: a causa pela qual Deus há de ser amado é o próprio Deus; o modo é amar sem modo. É suficiente isso? Talvez seja, mas para os sábios. Mas eu estou em dívida em relação aos ignorantes (cf. Rm 1,14): embora, para os sábios, o que foi dito seja suficiente, para os outros deve ser explicado. Portanto, não será gravoso repetir o mesmo de forma mais extensa, porém não mais profunda, em prol daqueles que demoram mais para entender. Deus há de ser amado por Ele mesmo em base a uma dúplice razão: porque nada de mais justo e nada de mais vantajoso pode ser amado. Indagar a respeito de Deus, investigando o porquê há de ser amado, gera uma dúplice forma de pensamento. De fato, pode-se duvidar se Deus há de ser amado por mérito dele ou para nossa vantagem. Na realidade, eu responderia o mesmo em ambos os casos, quer dizer, não há por mim outra razão digna de amar a Deus a não ser Ele mesmo. Primeiramente vejamos o mérito da questão. Ele mereceu muito por nós, pois entregou-se por nós que não merecíamos. O que Ele podia dar de melhor do que si mesmo? Portanto, se se procurar a causa pela qual Deus há de ser amado, se busca o mérito de Deus, e aquele é o fundamental: que Ele por primeiro nos amou. Por isso, Ele é digno de ter seu amor de volta, especialmente quando observa-se quem amou, quem foi amado e quanto tenha amado. Quem, portanto, amou? Não é aquele a quem todo espírito confessa: *Tu és o meu Deus, por que não precisas dos meus bens?* (Sl 15,2). É verdadeira, portanto, a caridade dessa majestade, porque não procura seu próprio interesse. Mas a quem se oferece tamanha pureza? *Quando ainda*, disse, *éramos inimigos, fomos reconciliados com Deus* (Rm 8,32). Deus, portanto, amou os inimigos e, ainda por cima, gratuitamente. Mas quanto? Quanto o afirma João: *Deus amou tanto o mundo, que entregou seu Filho único* (Jo 3,16) e também Paulo, que diz: *Quem não poupou o seu próprio Filho, mas o entregou por todos nós* (Rm 8,32). Também o próprio Filho disse a seu respeito: *Ninguém tem maior amor do que aquele que dá a vida por seus amigos* (Jo 15,13). Esse é o mérito que o justo recebeu junto aos ímpios, o mérito que Aquele que está acima de todas as coisas recebeu junto aos que são da mais baixa condição, o mérito que o Todo-poderoso recebeu junto aos fracos. Contudo, alguém diz: assim, com certeza, fez para os homens, mas não para os anjos. Isso é verdadeiro, porque não foi necessário. De resto, quem veio em ajuda dos homens, nesta necessidade, dela preservou os anjos: e quem, amando os homens, operou de tal modo que não permanecessem como eram, é o mesmo que, amando igualmente os anjos, concedeu-lhes que não se tornassem como nós.

II

Como Deus merece ser amado pelo homem, para os bens do corpo e da alma; em que modo esses bens devem ser reconhecidos sem que haja ofensa para aquele que doa

2 Para aqueles que têm clareza nessas coisas, penso que esteja claro também o porquê Deus há de ser amado, ou seja, por que Ele mereceu ser amado. Se os infiéis mantêm encobertas essas coisas, Deus tem à disposição os meios para confundir os ingratos a partir dos seus inumeráveis benefícios, concedidos para a utilidade do ser humano e manifestos aos sentidos. Quem providencia o alimento a todos aqueles que se nutrem, a luz àqueles que veem, a respiração àqueles que vivem? Mas é insensato querer enumerar aquelas coisas que há pouco eu disse ser inumeráveis: é suficiente, por exemplo, produzir as coisas mais importantes, o pão, o sol e o ar. E digo ser as mais importantes não porque sejam as mais excelentes, mas porque são as mais necessárias; de fato, são para o corpo. O homem, porém, deve procurar os bens superiores naquela parte de si com a qual se eleva sobre si mesmo, ou seja, na alma. Esses bens superiores são a dignidade, a ciência e a virtude. Eu afirmo que a dignidade, no homem, é o livre-arbítrio, no qual lhe é concedida não apenas a superioridade em relação a todos os outros seres animados, mas também a supremacia. E atesto que a ciência permite-lhe reconhecer em si esta dignidade, mas não a partir dos próprios méritos. Enfim, denomino virtude o bem com o qual o homem, sem hesitação, busca Aquele de quem recebe a existência, segurando-o firme quando o encontra.

3 Portanto, cada um desses três bens aparece sob uma forma dúplice. A dignidade demonstra ser uma prerrogativa não somente humana, mas também da potência do domínio, porque o terror do homem paira sobre todos os seres animados da terra. Também a ciência terá uma forma dúplice, se reconhecermos que a mesma dignidade ou qualquer outro bem que há em nós não provém de nós. Enfim, a mesma virtude será conhecida como dúplice, se por consequência procurarmos seu Autor e, tendo-o encontrado, permanecermos unidos a Ele em modo inseparável. A dignidade, portanto, não é proveitosa sem a ciência. Aliás, essa poderia até prejudicar se faltasse aquela virtude que a razão afirma ser o alicerce. Pois, qual é a glória de possuir algo que tu não conheças? Além disso, conhecer aquilo que possuis, mas desconhecer o porquê não o tens por mérito teu, pode ser motivo de glória, mas não junto de Deus. Mas àquele que se gloria, o Apóstolo diz: *Que é que possuis que não tenhas recebido? Mas se recebeste, por que haverias de te gloriar como se não o tivesse recebido?* (1Cor 4,7). Não diz simplesmente: *Por que haverias de te gloriar*, mas acrescenta, *como se não o tivesse recebido,* para declarar que é digno de repreensão não aquele que se gloria de possuir, mas aquele que se gloria como se não tivesse recebido. A vanglória tem justamente esse nome porque não possui o fundamento sólido da verdade. De fato, assim o Apóstolo distingue a glória verdadeira da vanglória: *Aquele que se glo-*

ria, diz, *glorie-se no Senhor* (1Cor 1,31), isto é, na verdade. Pois a verdade é o Senhor.

4 Portanto, é necessário que tu conheças estas duas coisas: quem és e que aquilo que tu és não provém de ti mesmo, assim não gloriar-te-ás completamente e nem gloriar-te-ás em vão. De fato, se diz à alma: *se não conheceres a ti mesma, sai atrás do rebanho dos teus companheiros* (Ct 1,7). Realmente acontece assim: o homem elevado a uma honra, mas que não compreende a honra que lhe é dada, em razão desse seu não reconhecer é comparado às bestas, como companheiras dele na sua presente corrupção e mortalidade. De fato, acontece que a criatura, elevada pelo dom da razão, se não reconhece a si mesma começa a agregar-se ao rebanho dos seres irracionais, quando, desconhecendo a glória que está em seu íntimo, é arrastada pela sua curiosidade a conformar-se às coisas sensíveis que se encontram fora dela e, assim, acaba sendo uma entre as muitas, não percebendo que recebeu mais do que todas as outras. Por isso, deve-se evitar atentamente esta ignorância, pela qual nos percebemos menos fortes do que somos; mas deve-se evitar não menos, ou melhor, mais ainda, aquela ignorância pela qual nos atribuímos mais do que somos: porque acontece que nos enganamos, considerando um bem que há em nós como nosso. Na realidade, acima de cada uma dessas ignorâncias, deve-se afastar e execrar aquela presunção pela qual até tu que sabes e que és experiente ousas procurar a glória de bens que não são teus: e ainda que tenhas a certeza de que não são teus, não hesitas em apropriar-te de uma honra que é de outrem. A primeira dessas duas ignorâncias não possui a glória; a segunda certamente a possui, mas não junto de Deus. O terceiro mal que se comete conscientemente é apropriar-se indevidamente de algo contra Deus. Esta arrogância aparece mais grave e mais perigosa daquela segunda ignorância, pois se através dessa Deus é ignorado, por aquela é desprezado; além disso, é pior e mais abominável da primeira, pois se por essa somos associados às bestas, por aquela somos associados aos demônios. Com efeito, a soberba é a mais grave das culpas; isso acontece quando se julgam bens outorgados como se fossem inatos e, após receber os benefícios, usurpa-se a glória deles.

5 Por isso, junto com a dignidade e a ciência, é necessária a virtude, que é fruto de uma e de outra, pela qual procura-se e abraça-se Aquele que é o autor e doador de todas as coisas, glorificando-o a bom direito por todos seus dons. No caso contrário, quem sabe, mas não opera em maneira digna, receberá muitos castigos. Por quê? Porque não quis entender para agir bem: ao contrário, *meditou em sua cama mais iniquidades* (Sl 25,4-5), enquanto, em relação aos bens que pelo dom da ciência sabe muito bem não serem dele, como servo ímpio toma para si a glória do bom Senhor, ou melhor, trama para arrancar. É evidente, portanto, que a dignidade sem a ciência é completamente inútil e que a ciência sem a virtude é reprovável. Mas o homem de virtude, para quem a ciência não é prejudicial e nem a dignidade é em vão, clama a Deus e sinceramente confessa: *Não a nós, Senhor, não a nós, mas ao teu nome dá glória* (Sl 113,9). Isto é: não a nós, ó Senhor, não a nós atribuímos a ciência e a dignidade; mas tudo ao teu nome, pelo qual tudo é.

6 Fizemos uma longa digressão para ocupar-nos em demonstrar que até aqueles que não conhecem Cristo são persuadidos pela lei da natureza, ao perceber que receberam os bens do corpo e da alma, mostrando inclusive até que ponto eles também tenham que amar a Deus por causa do próprio Deus. Na verdade, para repetir brevemente o que foi dito acima: quem, mesmo infiel, poderia ignorar que aquelas coisas acima mencionadas e necessárias para o corpo nessa vida mortal, quer dizer, para existir, para ver, para respirar, não são fornecidas senão por Aquele que dá alimento a toda carne (cf. Sl 135,25), que faz nascer o sol sobre os bons e sobre os maus, e chover sobre os justos e os injustos? (cf. Mt 5,45). E quem, mesmo ímpio, consideraria ser outro o autor da dignidade humana que resplandece na alma, senão Ele que no livro do Gênesis diz: *Façamos o homem a nossa imagem e semelhança?* (cf. Gn 1,26). Quem poderia achar ser outro o doador da ciência, a não ser justamente Aquele que ensina a ciência ao homem? (cf. Sl 93,10). Quem, igualmente, consideraria que o dom da virtude foi dado por outra pessoa ou esperaria que lhe fosse dado senão pela mão do Senhor das virtudes? Deus, portanto, merece ser amado por causa dele mesmo, inclusive pelo infiel que, se não conhece Cristo, pelo menos conhece si mesmo. Por conseguinte, não há desculpa para aquele que, mesmo infiel, não ama o Senhor Deus com todo seu coração, com toda sua alma, com toda sua virtude. Dentro dele clama, de fato, uma justiça inata e conhecida pela razão que impele a amar com todo si mesmo Aquele a quem sabe que é devedor de todo si mesmo. Mas é difícil, ou melhor, é impossível que alguém, com suas forças ou com o livre-arbítrio, atribua totalmente a Deus as coisas que recebeu dele, sem propender para a própria vontade, sem fixar-se nela, como está escrito: *Todos procuram atender os próprios interesses* (Fl 2,21), e ainda: *Os sentidos e os pensamentos do homem estão inclinados para o mal* (Gn 8,21).

III
Quantos estímulos têm os cristãos para amar a Deus em relação aos infiéis

7 Os fiéis, ao contrário, sabem claramente o quanto seja necessário Jesus, o crucificado: enquanto admiram e abraçam a caridade, que nele é maior do que a ciência, envergonham-se por não retribuir aquele pouquinho que são em troca de tamanho amor e consideração. Porque amam mais facilmente aqueles que compreendem ser mais amados: mas para quem foi dado menos, também ama menos. Certamente um judeu ou um pagão de maneira nenhuma é estimulado pelos acúleos do amor, que a Igreja experimenta quando diz: *Estou ferida pela caridade*, e ainda: *Sustentai-me com flores, enchei-me de maçãs, porque estou doente de amor* (cf. Ct 2,4-5). Ela reconhece o Rei Salomão trazendo o diadema com o qual sua mãe o coroou (cf. Ct 3,11); reconhece o Filho único do Pai carregando sobre si a cruz; reconhece o Senhor da majestade espancado e cuspido; reconhece o autor da vida e da glória transpassado pelos pregos, percutido com a lança, cheio de injúrias, enquanto oferece sua alma dileta para seus amigos. Ela reconhece todas essas coisas e a espada do amor transpassa sua alma de tal forma que diz: *Sustentai-me com as flores, enchei-me de maçãs, porque estou doente de amor*. Na realidade, estas maçãs são romãs que a esposa, introduzida no jardim do seu amado, apanha da árvore da vida e que tomaram emprestado o próprio sabor do pão celestial e a cor do sangue de Cristo. Em seguida, a esposa vê a morte falecida e o autor da morte triunfar. Ela vê conduzir presa a escravidão, dos infernos para a terra e da terra para os céus, para que em nome de Jesus dobre-se todo joelho dos seres celestiais, terrestres e infernais (cf. Fl 2,10). Ela percebe que a terra, que sob a antiga maldição produzira espinhos e tríbulos, refloresceu pela graça renovada a uma nova bênção. E, diante de tudo isso, lembrando-se daquele versículo: *Minha carne refloresceu, e segundo minha vontade confessá-lo-ei* (Sl 27,7), ela deseja dar viço às maçãs da paixão, que da árvore da cruz recolhera, e às flores da ressurreição, com a fragrância das quais espera cativar o esposo para que a visite com mais frequência.

8 Enfim, a esposa diz: *Eis, tu és belo, meu amado, e decoroso; nosso leito é florido* (Ct 1,15). Mostra o leito e revela o que deseja; e, dizendo que é florido, indica onde pressupõe obter aquilo que deseja: certamente não dos próprios méritos, mas das flores do campo que Deus abençoa. Deleita-se das flores Cristo, que quis ser concebido e criado em Nazaré. O esposo celestial se regozija de tais perfumes, e entra muitas vezes com prazer no tálamo do coração, que encontra repleto de frutos e flores regados. Ou seja, onde reconhece que a graça da paixão ou a glória da ressurreição são perscrutadas por uma assídua meditação, e lá se apresenta muitas vezes, se apresenta bem-disposto. Reconhece, também, que os testemunhos da paixão são como os frutos do ano que passou, aliás, de todos os tempos passados que decorreram sob o império do pecado e da morte, e que agora reaparecem na plenitude dos tempos. Mas, por outro lado, considera os sinais da ressurreição como flores novas do tempo sucessivo, que revigora pela graça em novo verão, cujo fruto a futura ressurreição geral engendrará no final dos tempos e está destinado a permanecer para sempre. A Escritura diz: *O inverno já passou, a chuva se foi e cessou, as flores apareceram na nossa terra* (Ct 2,11-12). Isso significa que a época do verão chegou com Aquele que o gelo da morte dissipou em temperatura primaveril de vida nova, dizendo: *Eis, eu faço novas todas as coisas* (Ap 21,5), cuja carne foi semeada na morte e refloresceu na ressurreição, cujo perfume, no campo dos nossos convales, faz as terras áridas reverdecerem e todas as coisas mortas reviverem.

9 Pois bem, da novidade dessas flores e desses frutos, da beleza do campo que exala um suavíssimo perfume, o próprio Pai deleita-se no Filho que renova todas as coisas a tal ponto que chega a dizer: *Eis o perfume do meu filho, como o perfume de um campo fértil, que Javé abençoou* (Gn 27,27). Justamente se diz fecundo, porque todos recebemos de sua plenitude. Quando a esposa quer, recolhe dele flores para si com mais familiaridade, e apanha os frutos com os quais asperge a intimidade da própria consciência para que, quando o esposo entrar no leito do coração, olorize suavemente. De fato, ocorre que, se quisermos ter Cristo como hóspede assíduo, nossos corações devem sempre estar abastecidos com testemunhos fiéis, seja da misericórdia, quer dizer, da sua morte, seja da potência da ressurreição, como dizia Davi: *Ouvi estas duas verdades, que o poder é de Deus, e que em ti, ó Senhor, há misericórdia* (Sl 61,12-13). De cada uma dessas coisas, na realidade, foram dados testemunhos muito dignos de fé: Cristo morreu pelos nossos pecados, ressuscitou para a nossa justificação, subiu ao céu para a nossa proteção, enviou o Espírito para a nossa consolação e, no tempo oportuno, retornará para realizar nossa perfeição. Portanto, na morte manifestou a misericórdia, na ressurreição a potência, e em cada um dos outros atos essas duas obras.

10 Estas são as maçãs e estas são as flores com que a esposa, nesse momento, deseja ser circundada e confortada; creio que ela sinta que a força do amor poderia facilmente diminuir o ardor e em certo modo languescer, se não fosse continuamente aquecida pelo estímulo dessas maçãs e dessas flores, até que, introduzida no quarto conjugal, seja acolhida pelos amplexos amplamente desejados e possa dizer: *Sua mão esquerda está sob minha cabeça, e com a direita me abraçou* (Ct 2,6). Então, sentirá e experimentará que todos os testemunhos do amor, que na vinda primeira recebera da esquerda do esposo, são desprezíveis em relação à enorme doçura dos abraços da direita, já considerados como inferiores. Provará o que ouvira: *A carne para nada serve; o espírito é que vivifica* (Jo 6,64). Provará o que lera: *Meu espírito é mais doce do que o mel, e minha herança mais doce do que o favo de mel.* É verdadeiro o que segue: *Minha memória permanece na geração dos séculos* (Ecl 24,27-28): isto significa que, enquanto se reconhecer de pé o século presente, no qual uma geração chega e outra passa adiante, aos eleitos não faltará a consolação que vem da memória, embora ainda não lhes é concedida a regeneração plena que nasce da presença do santo. Por isso foi escrito: *Proferirão a memória da abundância da tua suavidade*; não há nenhuma dúvida de que o sujeito são aqueles dos quais pouco acima se dissera: *Uma geração após a outra louvará tuas obras* (Sl 144,7.4). De fato, a memória está na sucessão das gerações terrenas, a presença no Reino dos Céus. Desta é glorificada a eleição já assumida; com aquela, no entanto, consola-se a geração que peregrina sobre a terra.

IV
Quem são aqueles que recebem consolação da lembrança de Deus: os que são mais merecedores do amor dele

11 Mas o que interessa é saber que a geração receba conforto da lembrança de Deus. Não certamente uma geração perversa e intolerável, a quem se diz: *Ai de vós, ricos, porque já tendes a vossa consolação* (Lc 6,24), mas aquela que pode dizer sinceramente: *Minha alma renuncia a ser consolada.* Nessa podemos acreditar plenamente, se em seguida ela acrescentar: *Lembrei-me de Deus e senti grande prazer* (Sl 76,3-4). De fato, é justo que para aqueles que não podem deleitar-se com a presença do santo, esteja à disposição a memória das coisas futuras e que, para aqueles que desdenham ser consolados pela abundância das coisas que passam, deleite a lembrança das futuras na eternidade. Esta é a geração dos que buscam o Senhor, que não buscam as coisas que são deles, mas a face do Deus de Jacó (cf. Sl 23,6). Neste ínterim, a memória é suave para aqueles que buscam a Deus e suspiram pela sua presença; não, porém, para que sejam saciados, e sim para que sintam mais fome e futuramente sejam saciados. Esse fato o próprio alimento testemunha de si, dizendo assim: *Quem me come tem ainda fome* (Ecl 24,29), e quem se alimentou dele diz: *Saciar-me-ei quando aparecer a tua glória* (Sl 16,15). Mas bem-aventurados desde já aqueles que têm fome e sede de justiça, porque serão saciados, eles e não outros (cf. Mt 5,6). Ai de ti, geração má e perversa! Ai de ti, povo insensato e ignorante, que tens aversão à memória e pavor da presença! E, justamente, porque não queres de jeito nenhum libertar-te do laço dos caçadores, pois aqueles que querem tornar-se ricos nessa vida terrena caem na armadilha do diabo (cf. 1Tm 6,9); então, não poderás libertar-te da palavra dura de ouvir. Ó palavra rude, ó discurso duro! *Ide, malditos, para o fogo eterno* (Mt 25,41). Certamente um discurso mais duro e mais rude daquele que todo dia repete-se na Igreja da memória da paixão: *Quem come a minha carne e bebe o meu sangue tem a vida eterna.* Isto é, quem medita minha morte e com meu exemplo mortifica seus membros enquanto estão sobre a terra, tem a vida eterna: ou seja, se sofrerdes comigo, reinareis junto comigo. Hoje a maioria das pessoas, entretanto, afastando-se desta palavra e voltando atrás, não responde com palavras, mas com os fatos: *Essa palavra é dura; quem pode escutá-la?* (Jo 6,55.61) Assim, a geração que não orientou seu coração e não confiou seu espírito em Deus (cf. Sl 77,8), depositando sua esperança mais na incerteza das riquezas, incomoda-se quando ouve a palavra da cruz, e julga incômoda a memória da paixão. Mas em que modo sustentará, na hora da presença, o peso daquela palavra: *Ide, malditos, para o fogo eterno, preparado para o diabo e seus anjos?* Sobre quem cair esta pedra, ela o esmagará. Mas a geração dos justos será abençoada (cf. Sl 111,2): aqueles que, com o Apóstolo, tanto ausentes como presentes, esforçam-se particularmente em agradar a Deus (cf. 2Cor 5,9). No fim ouvirão: *Vinde, benditos de meu Pai* (Mt 25,34) etc. Portanto, aquela geração que não orientou seu coração para Deus experimentará, tarde demais, quanto teria sido suave o fardo de Cristo e leve seu peso em comparação com aquela dor, enquanto, como se fosse incômodo e gravoso, ela retirou soberbamente a dura cerviz. Não podeis, ó miseráveis escravos da riqueza, gloriar-vos na cruz do Senhor nosso Jesus Cristo e ao mesmo tempo esperar nos tesouros do dinheiro, corromper-vos atrás do ouro e experimentar quão suave é o Senhor. Portanto, Aquele de quem vós não percebeis a suavidade na memória, percebê-lo-eis, sem dúvida, áspero na hora da presença.

12 Por outro lado, a alma fiel suspira avidamente a presença, descansa suavemente na memória e, até que seja digna de ver revelada a face transparente e a glória do Senhor, exalta-se da ignomínia da cruz. Assim, finalmente, a esposa e "pomba de Cristo" repousa nesse ínterim e dorme no meio dos votos após receber desde já, em sorte, ó Senhor Jesus, pela memória da tua copiosa suavidade, penas de pratas, ou seja, a candura da inocência e da pureza; e espera, além disso, ser cumulada de alegria na presença do teu rosto, quando até as partes posteriores das costas dele cobrir-se-ão com o brilho do ouro (cf. Sl 67,14), quando, introduzida com gáudio no esplendor dos santos, será plenamente iluminada pelo fulgor da sabedoria. Com razão, portanto, desde agora ela gloria-se e diz: *Sua mão esquerda está sob a minha cabeça, e com a direita abraçar-me-á* (Ct 2,6), considerando na esquerda a lembrança daquela caridade da qual não existe maior, porque Ele ofereceu sua alma para os seus amigos; na direita, ao invés, a visão bem-aventurada que prometeu aos seus amigos, o júbilo da presença da majestade. Justamente, aquela visão de Deus, visão que deifica, aquela delícia incomparável da divina presença, é assinalada na direita, da qual se canta de forma prazenteira: *Cheio de delícias à tua direita até o fim dos tempos* (Sl 15,11). Na esquerda é colocado, com razão, aquele deleite memorado e sempre memorável sobre o qual a esposa se deita e descansa, até a iniquidade passar.

13 Justamente, então, a esquerda do esposo está debaixo da cabeça da esposa, sobre a qual, de fato, reclina e sustenta sua cabeça, isto é, a intenção da sua mente, para não ser desviada e dominada pelos desejos mundanos: porque *o corpo que se corrompe oprime a alma, e a moradia terrena abate o sentido com muitos pensamentos* (Sb 9,15). Com efeito, que outra coisa faria a consideração de uma compaixão tão imerecida, de um amor tão gratuito e querido, de uma reputação tão impensada, de uma mansidão tão insuperável, de uma doçura tão admirável? Que outro, digo, poderia fazer todas essas virtudes atentamente observadas, senão atrair ardentemente para si e dispor o espírito de quem as considera, libertando-o profundamente de todo amor corrompido, até que despreze tudo aquilo que não poderia ser desejado senão desdenhando essas virtudes? Portanto, no olor desses perfumes, a esposa corre com ardor e ama apaixonadamente, e parece-lhe amar tão pouco, ela que se sente tão amada, embora penetre com "toda-si-mesma-no-amor". Não sem razão. O que de importante, com efeito, se dá em troca de um tão grande amor, se também um cisquinho se recolhe todo para amar a Majestade que o precedeu no amor e que pode-se vislumbrar toda dedicada na obra da sua salvação? Enfim, *Deus amou tanto o mundo que entregou o seu Filho único* (Jo 3,16), e não há dúvida de que se fale do Pai. Igualmente, *Entregou a sua alma à morte* (Is 53,12), e não há dúvida de que se fale do Filho. Também se fala do Espírito Santo: *O Espírito Paráclito, que o Pai envia em meu nome, ensinar-vos-á todas as coisas e recordar-vos-á tudo o que eu vos disser* (Jo 14,26). Deus, portanto, ama, e ama "com-todo-si-mesmo", porque toda a Trindade ama, se também pode-se dizer tudo daquilo que é infinito e incompreensível, ou daquilo que certamente é simples.

V
Quanto incumba ao cristão a dívida do amor

14 Creio que quem considera com atenção essas coisas reconhece suficientemente o porquê Deus há de ser amado, por que Ele seja digno de ser amado. De resto, o infiel que não tem o Filho em seu íntimo, não tem em consequência nem o Pai e nem o Espírito Santo. De fato, *quem não honra o Filho, não honra o Pai que o enviou* (Jo 5,23), mas nem o Espírito Santo que o Pai enviou. Destarte, não deve surpreender se ama menos quem menos conhece. Entretanto, ele mesmo não ignora dever tudo a Deus, não ignora ser Deus o autor de tudo o que ele é. E eu então, que considero meu Deus não somente o doador generoso e desinteressado da minha vida, administrador munificentíssimo, consolador piedoso, guia solícito, mas, além disso, redentor copiosíssimo, protetor eterno, enriquecedor, glorificador? Assim como foi escrito: *Copiosa é a redenção junto a Ele* (Sl 129,7), e também: *Ele entrou uma vez por todas no santuário, obtendo uma redenção eterna* (Hb 9,12); e a respeito da conservação: *Não abandonará seus santos; serão conservados eternamente* (Sl 36,28); e a respeito da riqueza: *Uma boa medida, calcada, sacudida, transbordante será derramada em vosso regaço* (Lc 6,38); e novamente: *Nem o olho viu, nem o ouvido ouviu, nem o coração do homem percebeu o que Deus preparou para aqueles que o amam* (1Cor 2,9); e sobre a glorificação: *Esperamos o*

Salvador Senhor nosso Jesus Cristo, que transfigurará nosso corpo humilhado, conformando-o ao esplendor do seu corpo (Fl 3,20-21); e este: *Os sofrimentos do tempo presente não têm proporção com a glória futura, que será revelada em nós* (Rm 8,18); e novamente: *Nossas tribulações momentâneas são leves em relação ao peso eterno de glória que elas nos preparam até o excesso. Não olhamos para as coisas que se veem, mas para as que não se veem* (2Cor 4,17-18).

15 O que retribuirei ao Senhor por todos esses dons? A razão e a justiça natural impelem o homem a entregar-se Àquele de quem recebeu tudo o que ele é, sentindo o dever de amá-lo com todo si mesmo. A fé, certamente, obriga-me a amá-lo tanto mais quanto mais eu compreender que Ele há de ser considerado acima de mim mesmo, sendo que não apenas é doador da minha vida, mas também da dele. Enfim, ainda não chegara o tempo da fé, Deus ainda não se manifestara na carne, ainda não morrera na cruz, ainda não saíra do sepulcro e nem retornara ao Pai; ainda não confiara em nós, digo, seu grande amor, aquele sobre o qual já falamos muito, com o qual já foi ordenado ao homem que ame o Senhor seu Deus de todo coração, toda alma e toda virtude (cf. Dt 6,5), isto é, com tudo o que Ele é, sabe e pode. Deus, porém, não era injusto se reivindicava para si sua obra e seus dons. E como a obra poderia não amar o criador se tivesse a possibilidade de fazê-lo? E por que não poderia fazer isso plenamente, se nada poderia fazer dessa forma senão por um dom dele? Além do mais, o homem foi instituído nesta dignidade do nada, gratuitamente, o que torna o dever do amor mais evidente e revela o tributo mais justo. De resto, quanto devemos considerar que foi acrescido ao primeiro benefício depois que Deus salvou homens e animais, multiplicando desse modo a sua misericórdia? (cf. Sl 35,7-8). Falo de nós, que aviltamos nossa glória tornando-nos semelhantes ao bezerro comedor de capim (cf. Sl 105,20) e, pecando, sendo comparados aos animais insensatos (cf. Sl 48,13). Afinal, se sou devedor de todo mim mesmo pelo fato de ter sido criado, o que hei de acrescentar por ter sido recriado e recriado nesse modo? Porque não foi mais fácil recriar-me do que criar-me. Realmente, foi escrito não apenas para mim, mas para toda e qualquer coisa que foi feita: *Disse, e as coisas foram criadas* (Sl 115,12). Mas Aquele que me fez tão grande falando uma só vez, ao refazer-me disse, ao invés, muitas palavras, operou maravilhas e aguentou duras penas; e não só duras, mas até indecorosas. *Como retribuirei ao Senhor todo o bem que me fez?* (Sl 115,12). Na primeira obra, deu-me a mim mesmo; na segunda vez, deu-me si mesmo: e quando se deu, devolveu-me a mim mesmo. Portanto, sou criado e devolvido, sou devedor de mim por mim, e duas vezes devedor. O que retribuirei a Deus por Ele mesmo? Mesmo que pudesse dar-me em troca infinitas vezes, o que sou eu em relação a Deus?

VI
Breve recapitulação e resumo das coisas anteriormente ditas

16 Em primeiro lugar, vê em que medida, ou melhor, como sem medida Deus mereceu ser amado por nós, Ele que nos amou por primeiro (para repetir em poucas palavras o que foi dito), Ele tão grande muito nos amou e gratuitamente, nós que somos tão pequenos. Lembrei-me de que, no começo, eu disse ser a medida de amar a Deus um amar sem medida. Afinal, sendo que o amor que se dirige a Deus, dirige-se à imensidão, ao infinito (pois Deus é infinito e imenso), qual, pergunto, deveria ser o fim ou a medida do nosso amor? E que amor, se o nosso não se concede mais gratuitamente, mas dá-se em troca como obrigação? A imensidão, portanto, ama, e ama a eternidade, ama a caridade mais sublime do que a ciência; assim ama Deus, cuja magnitude não tem limite (cf. Sl 144,3), cuja sabedoria não tem quantidade (cf. Sl 146,5), cuja paz excede toda compreensão (cf. Fl 4,7): e nós, em troca, retribuímos com moderação? *Amar-te-ei, Senhor, minha fortaleza, meu sustento, meu refúgio e meu libertador* (Sl 17,2-3), e, enfim, tudo o que por mim pode definir-se desejável e amável. Meu Deus, meu Salvador, amar-te-ei pelo teu dom e segundo a minha medida, sem dúvida menor do que seria justa, mas certamente não inferior ao que é em meu poder; porque, embora não possa devolver quanto devo, não posso fazer algo além das minhas possibilidades. *Teus olhos viram o que em mim é imper-feito;* mas também *no teu livro estarão escritos todos aqueles* (Sl 138,16) que fazem o que podem, embora não possam o que devem. Aparece bastante claro, pelo que eu acho, em que medida Deus tenha que ser amado, e por qual mérito dele. Mas como, digo, medir este mérito? A quem poderia parecer o quanto? Quem poderia dizer? Quem saberia?

VII
Deus não é amado sem fruto e sem recompensa; o desejo do coração humano não é saciado com coisas terrenas

17 Agora vejamos com que benefício para nós Deus tenha que ser amado. Mas que provento há no nosso modo de ver em relação àquilo que é? Entretanto, não se deve calar o que se vê, embora não pareça totalmente o que ele é. Mais acima, quando me propus a indagar por que e em que medida Deus há de ser amado, disse que aquilo que se procura gera um dúplice sentido: por que, ou por mérito dele, ou por nosso benefício há de ser amado, de acordo como um ou outro possa ser observado. Após ter falado sobre o mérito de Deus, não em modo digno dele, mas como me foi concedido, resta falar sobre a recompensa, em proporção ao que me for concedido compreender. De fato, Deus não é amado sem recompensa, embora tenha que ser amado sem visar alguma recompensa. Porque a verdadeira caridade não pode ser vazia, e tampouco é mercenária, sendo que *não procura seu próprio interesse* (1Cor 13,5). É uma disposição do ânimo, não um contrato: não adquire-se por um pacto, e nem ela faz isso. Espontaneamente influi, e torna espontâneo o que ela provoca. O verdadeiro amor está satisfeito consigo mesmo. Recebe uma recompensa, mas esta é o objeto do seu amor. Porque, se tiveres a impressão de amar alguma coisa em vista de outra, na realidade amas aquela para a qual dirige-se teu amor, não aquela pela qual dirige-se. Paulo não prega o Evangelho para comer, mas come para evangelizar: aquilo que ama não é a comida, mas o evangelho (cf. 1Cor 9,18). O verdadeiro amor não busca recompensa, mas a merece. A recompensa é prometida para quem ainda não ama, é devida para quem ama, é concedida para quem persevera. Finalmente, para persuadir alguém em relação a coisas de pouco valor, encorajamos com promessas de recompensa aqueles que têm má vontade, mas não aqueles que estão bem-dispostos. E quem pensaria ser obrigado a recompensar um homem para que faça aquilo que deseja espontaneamente? Ninguém, por exemplo, dá dinheiro a quem tem fome para que coma, ou a quem tem sede para que beba, ou a uma mãe para que amamente seu bebê que saiu de seu ventre. Quem poderia pensar que fosse necessária uma oração ou uma quantia de dinheiro para induzir alguém a fazer uma cerca na sua vinha, ou a cavar ao redor de uma árvore, ou a levantar a construção da própria moradia? Quanto mais a alma ama a Deus, outra coisa não busca senão a Deus como recompensa do seu amor. Ou, se busca alguma coisa, ama certamente aquela, não a Deus.

18 Em todo indivíduo que faz uso da razão há naturalmente, por sua apreciação e intenção, o desejar sempre as coisas de maior valor, sem contentar-se com algo que não tenha alguma coisa que ele prefira. Por exemplo, quem tem uma esposa atraente, vira a cabeça atrás de uma mais bonita, com olhar e propósito atrevido; quem colocou uma veste preciosa procura obter uma de mais valor, e quem possui muitas riquezas inveja aquele que é mais rico. Tu poderias ver pessoas que já têm muitas propriedades e posses juntar mais um campo a outro campo e, além disso, ampliar os limites de sua propriedade com cobiça desmedida. Poderias ver aqueles que habitam casas dignas de um rei e palácios espaçosos juntar uma casa com outra todo dia, e com um desejo irrequieto edificar, demolir, mudar edifícios quadrados em redondos. E os homens enaltecidos às mais altas honras? Não é que os vemos tentar as coisas mais elevadas, estimulados por uma ambição insaciável, cada dia mais e com todas as forças? E não há fim para todas essas coisas, porque nelas não se encontra nada de particularmente excelso ou ótimo. E o que há de surpreendente se o desejo não pode ficar satisfeito com coisas que são inferiores e piores e que não pode sossegar aquém do que é excelso ou ótimo? Mas é sinal de insensatez e de absoluta demência cobiçar sempre aquelas coisas que nunca, não digo satisfazem, mas nem amenizam o desejo e, uma vez possuídas, continuar desejando da mesma forma as que ainda não se possuem, anelando sempre inquietos atrás daquelas que faltam. Assim, pois, acontece que o ânimo vagabundo seja extenuado pelos muitos prazeres do mundo que enganam, correndo de cá para lá com esforço inútil sem que encontre satisfação: enquanto, faminto, engole alguma coisa, a considera insignificante em relação ao que resta a ser devorado, e cobiça não menos ansiosa e continuamente o que falta, sem estar feliz com as coisas que tem à disposição. Quem, de fato, poderia conseguir tudo? Embora cada um guarde com temor o pouco que obteve com esforço, não tem certeza do momento em que haverá de perdê-lo, mas sabe que, mais cedo ou mais tarde, perdê-lo-á. Assim, nessa direção, a vontade pervertida tende ao que é ótimo e se apressa ao encontro daquilo que possa saciá-la. Na realidade, nesses redemoinhos a vaidade ilude a si mesma, e a iniquidade mente para si mesma. Se assim queres realizar a tua vontade, ou seja, se queres apreender aquilo que, uma vez apreendido, já não queres mais nada, que necessidade há de procurar todas as outras coisas? Nesse descaminho, corres por vias tortas e morrerás bem antes dé chegar ao que merece ser desejado.

19 Pois bem, nesse descaminho os ímpios perambulam, cobiçando por lei natural onde levar a cabo a ambição, mas afastando tolamente o modo de aproximar-se do fim: do fim, digo, entendido não como esgotamento, mas como realização. Razão pela qual eles se apressam a não cumpri-lo como um fim bem-aventurado, mas a destruí-lo com um esforço vão, atraídos mais pela aparência das coisas do que pelo Autor delas; desejam passar por todas as coisas e experimentar cada uma delas do que chegar ao Senhor do universo. E sem dúvida chegariam se e quando, realizando o desejo deles, pudessem alcançar o ponto em que um só lograsse todas as coisas, exceto o princípio de tudo. Porque, segundo a lei da sua cobiça, pela qual para todas as outras coisas ele costumava desejar ardentemente aquelas que não possuía em relação àquelas que possuía, desdenhando as que estavam em sua posse relativamente àquelas que não dispunha, então, após obter todas as coisas que estão no céu e na terra, o homem começaria a desdenhá-las e correria, sem dúvida, para aquilo que só estar-lhe-ia faltando entre todos, ou seja, Deus. Naquele momento, estaria finalmente tranquilo porque, como aquém nenhum sossego o chama de volta, assim além nenhum desassossego o atormenta. Diria certamente: *Estar junto de Deus é o meu bem.* Diria: *Quem há para mim no céu e o que quis sobre a terra senão a ti?* E ainda: *Deus do meu coração, Deus minha porção para sempre* (Sl 72,28.25.26). Portanto, como disse, qualquer um que tenha um desejo chegaria ao que é ótimo se deveras pudesse alcançar antes aquilo que aquém cobiça.

20 Contudo, sendo que isso esbarra e é impossível pelo fato de a vida ser breve demais, a força excessivamente fraca e os competidores além da conta, aqueles que querem conseguir tudo o que desejam, depois de um longo andar, encharcam-se de suor por uma labuta vã e não conseguem alcançar o fim de todas as coisas desejáveis. Oxalá quisessem conseguir tudo com o espírito e não com a experiência prática! Assim conseguiriam facilmente e não labutariam em vão. Porque o espírito, tão mais veloz quanto mais perspicaz do sentido, foi concedido para ser-lhe superior em todas as coisas, de tal forma que o sentido não ouse alcançar nada que o espírito, antecipando-o, não tenha avaliado como útil. Por isso, creio, foi dito: *Examinai tudo e ficai com o que é bom* (1Ts 5,21), para que o espírito cuide do sentido e este não siga o próprio desejo senão pelo discernimento daquele. Em caso contrário, tu não subirás à montanha do Senhor, nem estarás no seu lugar santo, porque em vão terás recebido a tua alma (cf. Sl 23,3-4), isto é, uma alma racional, porque seguirás o sentido como faz o rebanho, deixando a razão ociosa e sem opor resistência. Aqueles, cujo passo não é precedido pela razão, correm, mas fora do caminho: por isso, desprezando o conselho do Apóstolo, não correm para ganhar o prêmio (cf. 1Cor 9,24). E quando, na verdade, teriam que conseguir se não querem o prêmio antes de ganhar tudo? Querer pôr a mão em tudo, desde o começo, é um caminho torto e um círculo sem fim.

21 O justo, porém, não faz assim. De fato, ouvindo a injúria sobre os muitos que demoram no círculo vicioso (muitos, com efeito, são aqueles que dirigem seus passos pelo amplo caminho que leva à morte), ele escolhe para si mesmo o caminho régio, não desviando para a direita ou para a esquerda. Enfim, afirma o profeta: *A vereda do justo é reta, tu aplanas o trilho reto do justo* (Is 26,7). Estes são aqueles que, evitando com cuidado esse círculo perverso e estéril através de um atalho vantajoso, escolhem a palavra abreviada que resume toda regra de comportamento: não cobiçar todas as coisas que se veem, mas vender as que se possuem e dar o dinheiro aos pobres. Certamente *bem-aventurados os pobres, porque deles é o Reino dos Céus* (Mt 5,3). Deveras todos correm (cf. 1Cor 9,24), mas há uma distinção entre aqueles que correm. Enfim, *o Senhor conhece o caminho dos justos, e o caminho dos ímpios perece* (Sl 1,6). Por isso *é melhor o pouco do justo que as grandes riquezas dos pecadores* (Sl 36,16), pois, como fala o Sábio e experimenta o insipiente, *quem ama o dinheiro, nunca estará farto de dinheiro* (Ecl 5,9), mas *aqueles que têm fome e sede de justiça serão saciados* (Mt 5,6). Isso porque a justiça é alimento vital e natural do espírito que usa a razão: o dinheiro, ao invés, não diminui a fome do espírito, assim como o vento não diminui a fome do corpo. Afinal, se houvesse um homem faminto com a boca escancarada ao vento e as bochechas inchadas, aspirando o ar e achando que assim mata sua fome, tu não pensarias ser ele um louco? Assim, não é menor loucura se considerares que o espírito dotado de razão possa ser saciado e não somente enaltecido por objetos corpóreos quaisquer. *Bendize, ó minh'alma, o Senhor, é Ele quem sacia de bens o teu desejo* (Sl 102,1.5). Sacia de bens, estimula ao bem, conserva no bem; previne, sustenta, satisfaz. Ele inspira o desejo e é Ele mesmo o objeto do teu desejar.

22 Acima eu disse: a causa pela qual Deus há de ser amado é o próprio Deus. Eu disse a verdade, pois Ele é a causa eficiente e a final. Ele oferece a ocasião, cria a afeição, leva o desejo à plenitude. Ele fez, ou melhor, se fez para que fosse amado; Ele confia que, havendo de amá-lo com mais felicidade, não seja amado em vão. O amor que Ele tem por nós prepara e recompensa o nosso. É extremamente benévolo quando provém; justo em sumo grau quando é recompensado; suave em desmedida quando é esperado. É copioso para todos aqueles que o invocam, mas não possui algo melhor do que si mesmo para dar. Entregou-se como recompensa, conserva-se como prêmio, serve-se na mesa como alimento espiritual das almas santas, oferece-se como redenção das almas cativas. *Tu és bom, ó Senhor, com a alma que te procura* (Lm 3,25): como serás, portanto, com aquela que te encontrar? Mas é surpreendente que ninguém tenha a capacidade de procurar-te se antes não te encontrar. Queres, portanto, ser encontrado para ser procurado e ser procurado para ser encontrado. Podes, sim, ser procurado e ser encontrado, mas não ser anteposto. Porque, embora digamos: *De manhã minha oração preceder-te-á* (Sl 87,14), não há dúvida de que toda oração que não for inspirada seja morna. Chegou a hora de dizer onde começa nosso amor, porque já foi dito onde se aperfeiçoa.

VIII
Sobre o primeiro grau do amor, com o qual o homem ama-se por causa de si mesmo

23 O amor é uma das quatro afeições naturais. Elas são conhecidas e não precisa nomeá-las. Portanto, seria justo que aquilo que é natural servisse antes de tudo o Autor da natureza. Por isso, o primeiro e o maior mandamento de todos foi expresso assim: *Amarás ao Senhor teu Deus* (Mt 22,37), etc. Mas, pelo fato de a natureza ser extremamente frágil e sem vigor, é compelida pela necessidade imperante a servir primeiramente a si mesma. Esse é o amor carnal, com o qual o homem ama-se por causa de si mesmo antes de todas as coisas, assim como foi escrito: *Primeiro o que é animal, depois o que é espiritual* (1Cor 15,46). Esse preceito não está prescrito, mas está inscrito na natureza: *quem jamais quis mal à sua própria carne?* (Ef 5,29). Porém, se esse amor começar a ser destorcido além da justa maneira ou até desmedido, como sói acontecer, insatisfeito com o álveo da necessidade e fizer vista para transbordar profusamente nos campos da volúpia, essa superabundância é coibida sem demora pelo mandamento reparador com o qual é dito: *Amarás a teu próximo como a ti mesmo* (Mt 22,39). E isso se diz justamente para que, aquele que compartilha a natureza contigo, não seja privado da graça, particularmente daquela graça ínsita na natureza. Se um homem sentir o peso do irmão, não digo pelo fato de providenciar às necessidades dele e sim por servir aos prazeres dele, procure conter os próprios se não quiser ser um transgressor. Seja indulgente para consigo mesmo quanto quiser, desde que se lembre que a mesma indulgência há de ser mantida também para o próximo. A temperança, ó homem, impõe-te um freio de acordo com a lei da vida e da disciplina, para que não vás ao encalço das tuas cobiças e te percas, para que não ponhas os bens da natureza a serviço do inimigo da alma, isto é, da luxúria. Não é mais justo e mais honesto repartires aqueles bens com quem tem em comum contigo a natureza do que com o inimigo? E se, segundo o conselho do Sábio, te desviares das tuas volúpias (cf. Eclo 18,30), e em conformidade com a doutrina do Apóstolo estiveres satisfeito apenas com um alimento e um vestuário (cf. 1Tm 6,8), não sentirás o peso de aliviar por breve tempo teu amor pelos desejos carnais, que promovem guerra contra a alma (cf. 1Pd 2,11). Realmente, acho que não será pesado repartir aquilo que subtraíres ao inimigo da tua alma com quem tem em comum contigo a natureza. Aí teu amor será moderado e justo, se o que for subtraído às próprias volúpias não será negado às necessidades do irmão. Assim o amor carnal, uma vez colocado à disposição de todos, transforma-se em amor social.

24 Mas se, enquanto repartires com o próximo, faltar-te-ão as coisas necessárias, o que farás? Que outra coisa hás de fazer senão pedir com toda confiança Àquele que dá a todos copiosamente, sem recriminar (cf. Tg 1,5), que abre sua mão e enche de bênção todo ser animado? (cf. Sl 145,16). Não há dúvida de que venha em auxílio nas necessidades, bem-disposto, Aquele que não nega ajuda para a maioria das pessoas, até nas coisas supérfluas. Depois afirma: *Buscai primeiro o Reino de Deus e sua justiça, e todas essas coisas ser-vos-ão acrescentadas* (Lc 12,31). De livre iniciativa, promete que haverá de dar as coisas necessárias àquele que limitar o supérfluo e amar o próximo. Isto, de fato, é querer primeiro o Reino de Deus e invocar contra a tirania do pecado: submeter-te ao jugo da pureza e da sobriedade antes que tolerar que o pecado reine em teu corpo mortal. Outrossim, justiça é isto: repartires os dons da natureza com quem tem em comum a natureza contigo.

25 Entretanto, para que amar o próximo seja justiça perfeita, é necessário que Deus esteja presente. Senão, como poderia amar puramente o próximo aquele que não ama em Deus? Por outro lado, não pode amar em Deus quem não ama a Deus. Ocorre, portanto, amar primeiro a Deus para que se possa amar também o próximo em Deus. Portanto Deus, que cria todas as coisas, cria também o amor por Ele. Ora, é assim que Ele opera: criou a natureza e Ele mesmo a protege. De fato, ela foi criada nessa maneira, para que tenha continuamente como protetor indispensável Aquele que a criou; e como a natureza não existiria se não fosse por Ele, não teria a força de subsistir sem Ele. O Criador, para evitar que a criatura ignore isso de si mesma e atribua-se com arrogância os benefícios que são dele, com uma resolução profunda e vantajosa quer que o homem seja atormentado pelas tribulações de tal forma que, quando perder o ânimo e Deus vier em seu socorro, seja honrado como libertador e ele, finalmente livre, possa honrá-lo como é digno. De fato, Ele diz isto: *Invoca-me no dia da angústia, eu livrar-te-ei, e tu glorificar-me-ás* (Sl 49,15). Acontece, assim, que o homem animal e carnal, que não sabia amar ninguém além de si mesmo, começa a amar a Deus ainda que para si, porque se dá conta que nele, como muitas vezes experimentou, pode tudo o que é vantajoso para seu poder, e sem Ele nada pode.

IX
Sobre o segundo e o terceiro grau do amor

26 O homem, por isso, já ama a Deus, mas, por enquanto, só por causa de si mesmo, ainda não por mérito dele. Há, todavia, uma certa sensatez em saber distinguir o que podes realizar a partir de ti daquilo que só consegues com a ajuda de Deus, e o que significa manter-te hostil Àquele que, no teu interesse, te mantém incólume. Mas se, muitas vezes, a tribulação acometer, por causa da qual outras tantas vezes há que voltar-se para Deus, e igualmente consegue-se, com a mesma frequência, a libertação de Deus, então, embora o ânimo tenha sido de ferro e o coração tantas vezes libertado de pedra, não é necessário que se amoleçam diante da graça libertadora, até que o homem ame a Deus não mais só por si, mas também por Ele?

Em ocasião de necessidades frequentes, há mister que Deus seja solicitado amiúde pelas invocações do homem e, de tanto ser interpelado, Deus é também saboreado e, ao ser saboreado, é também provado quão suave é o Senhor. Assim acontece que, amando a Deus puramente, sua suavidade experimentada alicie mais do que nossa necessidade possa solicitar, como o exemplo dos samaritanos que disseram à mulher que anunciara a presença do Senhor: *Já não é por causa do que tu falaste que cremos. Nós próprios o ouvimos, e sabemos que esse é verdadeiramente o Salvador do mundo* (Jo 4,42). Assim, digo, seguindo o exemplo deles, nós dirigimos a palavra à nossa carne falando: já não é por causa da tua necessidade que amamos a Deus, pois nós mesmos experimentamos e sabemos quão suave é o Senhor. A necessidade, de fato, é certa eloquência da carne e anuncia os benefícios que comprova pela experiência, manifestando-os com gestos. Portanto, para quem alcançar esse grau do amor, não será difícil cumprir o mandamento de amar o próximo. Pelo fato de amar sinceramente a Deus, ama também as coisas que são de Deus. Ama puramente, e não lhe é pesado obedecer a um mandamento puro, tornando seu coração também mais puro, como foi escrito, na obediência do amor (cf. 1Pd 1,22). Ama justamente, e abraça com maior prazer um mandamento justo. Esse amor, pelo fato de ser gratuito, é muito apreciado É casto porque não é copioso em palavra vã, nem em verbosidade, mas em obras e verdade. É justo porque, como acolhe-se, assim devolve-se. Quem ama assim, não ama em modo diferente de como foi amado, procurando, ele também, não as coisas de seu interesse, mas aquelas que são de Jesus Cristo, que não procurou o que era dele, mas o que era nosso ou, melhor, nós. Ama assim aquele que diz: *Confiai no Senhor porque Ele é bom* (Sl 117,1). Quem confia no Senhor não porque é bom para ele, mas porque é intrinsecamente bom, ama verdadeiramente a Deus por causa de Deus, não por causa de si mesmo. Não ama assim aquele de quem se diz: *Confiará em ti quando lhe fizeres o bem* (Sl 48,19). Esse é o terceiro grau do amor, com o qual Deus é amado por causa de si mesmo.

X
Sobre o quarto grau do amor, quando o homem ama-se só por causa de Deus

27 Feliz quem mereceu chegar até o quarto grau, até o ponto em que o homem não se ama mais senão por causa de Deus. *Tua justiça, ó Deus, é como as montanhas de Deus* (Sl 35,7). Esse amor é uma montanha, uma montanha excelsa de Deus. Na realidade, *uma montanha firme, uma montanha fértil* (Sl 67,16). *Quem subirá à montanha do Senhor?* (Sl 23,3). *Quem dar-me-á asas como pomba para eu voar e repousar?* (Sl 54,7). *Foi estabelecido em paz esse lugar, e esta moradia em Sião* (Sl 75,3). *Ai de mim, porque minha residência em um país estrangeiro foi prolongada!* (Sl 119,5). A carne e o sangue, o vaso de barro, a moradia terrena quando tomam parte nisso? Quando, de tal feita, experimenta-se essa emoção com a qual o ânimo, inebriado do amor divino e olvidado de si, torna-se como um vaso descartado, procede todo em direção do Altíssimo e, grudando-se em Deus, é feito um só espírito com Ele (cf. 1Cor 6,17) e diz: *Minha carne e meu coração se consumiram, Deus é eternamente parte do meu coração, parte de mim?* (Sl 72,26). Hei de proclamar bem-aventurado e santo aquele a quem for concedida essa experiência nessa vida mortal, talvez raramente, ou mesmo uma só vez, e ainda assim rapidamente, pela duração de um único instante. Porque, perder-te de certo modo, como se não existisses, sem perceberes completamente ti mesmo, esvaziando-te de ti e quase anular-te, faz parte de um estado de vida celestial, não de uma condição humana. E se, porventura, a alguém dos mortais é permitida essa experiência, talvez de um modo fugaz, a geração malvada logo sente inveja dele, a malícia do dia o perturba, seu corpo mortal torna-se mais pesado, a necessidade da carne o atormenta, a fraqueza da corrupção não o sustenta e, o que é mais intenso nisso tudo, a caridade fraterna o chama de volta. Ai! É obrigado a voltar em si, a cair em sua vida e a exclamar lamentavelmente: *Ó Senhor, padeço violência, responde por mim* (Is 38,14), e ainda: *Infeliz de mim, quem me libertará deste corpo de morte?* (Rm 7,24).

28 Contudo, sendo que a Escritura fala que Deus fez todas as coisas por causa de si mesmo, haverá certamente o momento em que a criatura conformar-se-á e concordará com seu Autor. Ocorre, portanto, que uma vez ou outra passamos por esse mesmo sentimento para que, assim como Deus quis todas as coisas por causa dele mesmo, nós também queiramos que nem nós mesmos, nem alguma outra coisa tenha existido senão por Ele, isto é, só pela vontade dele e não pelo nosso prazer. Certamente, será motivo de deleite não o fato de a nossa necessidade ter sido atenuada ou ter recebido em sorte a felicidade, mas ver que a vontade dele foi realizada em nós e por nós, aquilo que no dia a dia pedimos em oração quando dizemos: *Seja feita a tua vontade, assim no céu como na terra* (Mt 6,10). Ó amor santo e casto! Ó sentimento doce e suave! Ó determinação da vontade pura e livre da indecência, tão mais pura e livre da indecência enquanto nela não se deixa misturado nada de próprio, e tão mais suave e mais doce enquanto tudo o que se percebe é divino. Ser estabelecidos nesse modo é ser deificados. Como uma pequena gota de água derramada em uma grande quantidade de vinho parece perder-se toda, até o momento em que assume o sabor e a cor do vinho, como um ferro abrasado no fogo até incandescer torna-se totalmente semelhante ao fogo, despojado da antiga forma própria, como o ar inundado pela luz do sol é transformado no mesmo clarão a tal ponto que não parece só iluminado, mas a própria luz, assim, naquele momento, será necessário que todo sentimento humano nos santos, em certo modo inefável, se liquefaça e transfunda profundamente na vontade de Deus. Do contrário, em que modo Deus será tudo em todos, se no homem sobrar alguma coisa do homem? Permanecerá certamente a substância, mas em outra forma, outra glória e outra potência. Quando haverá isso? Quem verá isso? Quem será caracterizado por isso? *Quando virei e aparecerei diante da face de Deus?* (Sl 51,3). *Ó Senhor, meu Deus, meu coração te disse, minha face te procurou; procurarei, ó Senhor, a tua face* (Sl 26,8). Crês que verei teu templo santo?

29 Eu creio que o mandamento: *Amarás ao Senhor teu Deus de todo o teu coração, de toda a tua alma e de toda tua capacidade* (Mt 22,37), não será cumprido totalmente até que o coração não for mais coagido a pensar no corpo, a alma cessar de infundir nele vida e sensibilidade para conservá-lo no mesmo estado, e sua virtude, aliviada das penas, for reforçada na potência de Deus. Para ela é impossível, de fato, unir-se total e intimamente com Deus e fixar-se no rosto divino, enquanto estiver ocupada e distraída em servir esse corpo frágil e atormentado. Portanto, só quando a alma encontrar-se em um corpo espiritual e imortal, incorrupto, plácido e agradável, totalmente submetido ao espírito, espere apreender o quarto grau do amor, ou melhor, ser apreendida nele, pois é da potência de Deus dar a quem Ele quiser e não ser alcançado pela atividade humana.

Então, digo, obterá facilmente o grau mais elevado quando, apertando o passo em direção da alegria do Senhor, nenhuma lisonja da carne a impedirá e nenhuma moléstia a perturbará. Não cremos, porventura, que os santos mártires alcançaram esta graça, ou parte dela, em seus corpos vitoriosos? Com certeza, uma grande força de amor raptara no íntimo aquelas almas a tal ponto que expuseram seus corpos e desprezaram os tormentos. A sensação de dor aguda perturbou, sim, a serenidade, mas não chegou a abalar.

XI
Esta perfeição do amor não corresponde ainda às almas desprendidas dos bem-aventurados antes da ressurreição

30 E quanto às almas já desprendidas dos corpos? Acreditamos que elas estão mergulhadas inteiramente naquele oceano imenso de eterna luz e de luminosa eternidade. Mas, sendo que gostariam já ter recuperado seus corpos (o que não é negado), ou certamente desejariam e esperariam recuperá-los, é claro que elas ainda não transformaram-se profundamente, porque guardam a sensação que falta-lhes algo de próprio no íntimo, sobre o qual reflete-se a atenção ainda que com comedimento. Portanto, até a morte ser absorvida na vitória e a luz perpétua invadir por todo lado os confins da noite, até a glória celestial resplandecer nos corpos, as almas não podem expor-se completamente e passar em Deus porque ainda estão ligadas aos corpos, embora não com a vida ou com o sentido, mas por um sentimento natural pelo qual não querem e nem têm a força de ser aperfeiçoadas sem eles. Assim sendo, antes da renovação dos corpos não haverá aquele aniquilamento das almas que é seu estado perfeito e supremo, pois o espírito não procuraria a comunhão com a carne se fosse conduzido à perfeição sem ela. De fato, sem o benefício da alma, o corpo não é abandonado e nem renovado. Afinal, *é valiosa aos olhos do Senhor a morte dos seus santos* (Sl 115,15).

Mas se a morte for valiosa, o que será a vida e, particularmente, aquela vida? Não deve surpreender se o corpo da glória já parece ser útil ao espírito, porque é evidente que, mesmo enfermo e mortal, foi de grande valia. Como falou a verdade aquele que disse: *tudo coopera para o bem daqueles que amam a Deus* (Rm 8,28). Para a alma que ama a Deus, seu corpo enfermo tem valor seja quando está vivo, seja quando está morto, seja quando é ressuscitado: no primeiro caso para o fruto da penitência, no segundo para o descanso, no terceiro para a perfeição. Por isso a alma não quer chegar à perfeição sem ele, percebendo que em toda condição a serve para seu bem.

31 Para um espírito virtuoso, a carne é certamente um companheiro bom e fiel que, mesmo quando sobrepesa, é útil; se não é útil, tira-lhe um fardo, ou certamente é útil e de maneira nenhuma sobrepesa. O primeiro estado é laborioso, mas frutuoso; o segundo é ocioso, mas não causa incômodo; o terceiro é glorioso. Escuta como o esposo, no Cântico dos Cânticos, convida para este benefício em três modos: *Comei, amigos,* diz ele, *e bebei, embriagai-vos, meus caros amigos* (Ct 5,1). Ele convida para o alimento aqueles que sofrem no corpo; quando repousam, com o corpo desprendido, convida-os para beber; recuperando os corpos, instiga-os até a inebriar-se, chamando-os de caríssimos, ou seja, repletos de caridade. Porque nos demais, que não chama de caríssimos, mas de amigos, há uma diferença: estes que são oprimidos na carne e por isso gemem, são considerados queridos pela caridade que possuem; aqueles que já soltaram-se do grilhão da carne, são-lhe ainda mais queridos porque tornaram-se mais dispostos e mais livres para amar. Enfim, em relação a uns e outros, são justamente designados e são caríssimos aqueles que, já recebida a segunda estola nos corpos renovados com a glória, são arrebatados no amor de Deus, tão mais livres e mais jubilosos quanto nada do que é deles permanece para corrompê-los ou retardá-los. Mas nenhum dos estados restantes reivindica para si esse júbilo, pois no primeiro o corpo é suportado com esforço e, no segundo, é esperado com uma certa expectativa de desejo.

32 Desde o princípio a alma do fiel come seu próprio pão, mas, ai de mim, com o suor do seu rosto. Permanecendo na carne, ainda perambula pela fé, que é mister pôr em prática através do amor: porque, se não é praticada, está morta. Por outro lado, essa mesma obra é o alimento, como diz o Senhor: *Meu alimento é fazer a vontade do meu Pai* (Jo 4,34). Portanto a alma, despojada da carne, não alimenta-se mais com o pão da dor, mas é-lhe permitido sorver profusamente o vinho do amor, assim como se toma depois de comer; porém, não um vinho puro, e sim como se lê no Cântico dos Cânticos sob o nome da esposa, onde se diz: *bebi meu vinho com meu leite* (Ct 5,1). De fato, a alma mistura ao vinho do amor divino a suavidade de uma afeição natural, com a qual recupera seu corpo que deseja ser glorificado. Abrasa, por isso, após beber o vinho da sagrada caridade, mas ainda sem chegar à embriaguez, porque aquele ardor está misturado com este leite. A embriaguez, enfim, costuma perturbar as mentes e tornar esquecidos de si. Mas a alma que pensa em despertar seu próprio corpo ainda não está totalmente esquecida de si. Após conseguir aquele único elemento que lhe faltava, o que mais pode impedi-la de sair de si mesma, em algum modo, e adentrar toda em Deus, tornando-se tão profundamente dessemelhante de si mesma e tão semelhante a Deus? Admitida finalmente a beber a taça da sabedoria, aquela da qual se lê:

Quão nobre é meu cálice inebriante! (Sl 22,5), o que há de surpreendente se é inebriada pela fartura da casa de Deus, pois, sem ser angustiada pelo cuidado de si própria, bebe sem temores o vinho puro e novo junto com Cristo, no reino do Pai dele?

33 A Sabedoria celebra esse tríplice banquete, tornando-o repleto de uma só caridade, ela mesma alimentando aqueles que trabalham, dando bebida àqueles que descansam, inebriando aqueles que governam. Mas, como no banquete corporal se põe na mesa antes o alimento e depois a bebida, porque a natureza requer nesta ordem, a mesma coisa é feita aqui.

Em primeiro lugar, sem dúvida, antes da morte, enquanto estamos na carne mortal, comemos os trabalhos das nossas mãos mastigando com esforço aquilo que deve ser engolido; ao invés, após a morte, admitidos na vida espiritual, já bebemos peneirando com uma facilidade encantadora o que é recebido; enfim, depois dos nossos corpos reviverem, somos inebriados na vida imortal, transbordantes em uma plenitude maravilhosa. Isso significa aquilo que o esposo diz no Cântico dos Cânticos: *Comei, amigos, e bebei, e inebriai-vos, caríssimos.* Comei antes da morte, bebei depois da morte, inebriai-vos após a ressurreição. E justamente, caríssimos, porque se inebriam de caridade; justamente ébrios aqueles que são dignos de ser introduzidos às núpcias do Cordeiro, comendo e bebendo sobre sua mesa no seu reino, quando revela a si mesmo a Igreja gloriosa, sem mancha e nem ruga, ou coisa semelhante (cf. Ef 5,27). Então, finalmente, Ele inebria seus caríssimos, fartando-os na torrente da sua delícia (cf. Sl 35,9), porque então, naquele abraço tão apertado e casto do noivo e da noiva, o ímpeto do rio alegra a cidade de Deus (cf. Sl 45,5). Eu creio que este rio não seja outra coisa senão o Filho de Deus que, passando, serve como prometeu (cf. Lc 12,37), para que os justos banqueteiem e alegrem-se disso na presença de Deus, deleitando-se em alegria (cf. Sl 67,4). Daqui aquela saciedade sem desgosto; daqui aquela curiosidade insaciável sem desassossego; daqui aquele desejo eterno e inextricável que não conhece indigência; daqui, por último, aquela embriaguez que na realidade é sóbria, que não é um mero engolir e encharcar-se de vinho, mas é ser ardente em Deus. Assim é possuído para sempre aquele quarto grau do amor, quando Deus é amado suma e exclusivamente, porque já não amamos mais nós mesmos senão por Ele, para que seja o prêmio daqueles que o amam, prêmio eterno daqueles que o amam eternamente.

XII
Sobre a caridade, a partir da carta escrita para os cartuxos

34 Lembro-me de ter escrito, há tempos, uma carta aos santos irmãos cartuxos e de ter exposto nela, entre as outras coisas, esses graus do amor. Talvez aí tenha falado da caridade em outra maneira, embora não de uma forma imprópria, e não acho inútil acrescentar também a esse discurso alguma coisa dela, sobretudo porque tenho à disposição coisas que já foram escritas e posso transcrevê-las antes que redigir outra vez algo novo. Aquela, digo, é caridade verdadeira e sincera e deve-se reconhecer que provém, sem dúvida, de um coração puro, de uma boa consciência e de uma fé sem hipocrisia, pela qual amamos o bem do próximo assim como o nosso. Porque, quem ama mais ou, pelo menos, ama somente seu próprio bem, demonstra-se culpado por não amar o bem religiosamente, porque ama principalmente para si próprio, não por ele mesmo. Essa pessoa não pode obedecer ao profeta que diz: *Confiai no Senhor porque Ele é bom* (Sl 117,1). Ele confia em si mesmo, na realidade, porque provavelmente é bom para ele, mas não porque é bom em si. Por isso, terá que reconhecer que é dirigida para ele aquela reprimenda feita pelo profeta: *Confiará em ti quando beneficiá-lo-ás* (Sl 48,19). Há quem confia no Senhor porque Ele é poderoso, e há quem confia simplesmente porque é bom. O primeiro é um escravo e vive com medo; o segundo é um mercenário e vive cobiçando; o terceiro é filho e confia no pai. Ambos, quem tem medo e quem cobiça, na vida trabalham só para si. Apenas a caridade que está no filho não procura seu próprio interesse (cf. 1Cor 13,5). Por isso creio que dela foi dito: *A lei do Senhor é imaculada e converte as almas* (Sl 18,8): isso quer dizer que só ela pode converter o espírito do amor para si e para o mundo e orientá-lo para Deus. De fato, nem o temor e nem o amor-próprio convertem a alma. Às vezes, mudam o rosto ou a postura, nunca, porém, o sentimento. Na realidade, até o escravo uma vez ou outra realiza a obra de Deus, mas, não fazendo isso espontaneamente, revela que ainda permanece na sua dureza de coração. Também o mercenário a realiza, mas não por gratidão e sim porque se demonstra induzido pela própria cobiça. Além do mais, onde há propriedade, há isolamento e há um ângulo; onde há um ângulo, há sem dúvida sujeira e vício. Portanto, o escravo tenha sua lei que é o temor pelo qual está sujeito; o mercenário tenha sua cobiça, pela qual é atado quando, submetido à prova, permanece avoado e insensível. Mas nenhuma dessas condições está sem mancha, ou consegue converter as almas. A caridade, ao invés, converte as almas tornando-as espontâneas em fazer o bem.

35 Depois, eu diria ser a caridade imaculada porque acostumou-se a não guardar nada do que é dela. Para quem não tem nada de próprio, tudo aquilo que possui é certamente de Deus: por outro lado, o que é de Deus não pode ser imundo. Por isso, a lei imaculada do Senhor é a caridade, que não procura o que é vantajoso para si, mas o que é útil para muitos. Ora, ela é chamada Lei do Senhor, seja porque Ele vive dela, seja porque ninguém a possui a não ser pelo dom dele. E não pareça um absurdo o fato de eu ter dito que também Deus vive de uma lei, porque não diria isso de uma lei que não fosse a caridade. De fato, o que é que conserva, naquela Trindade suprema e bem-aventurada, aquela unidade excelsa e inefável senão a caridade? Portanto, a caridade é uma lei e a Lei do Senhor, que em algum modo mantém firme a Trindade na unidade, ligando-a no vínculo da paz. Porém, ninguém pense que eu entenda aqui a caridade como uma qualidade ou algum acidente (senão eu diria haver em Deus algo que não é Deus, o que não é verdade); ao contrário, eu a compreendo como substância divina, e isso não é nenhuma novidade e nem coisa insólita, pois João diz: *Deus é caridade* (1Jo 4,8). Por isso, a caridade é chamada justamente seja Deus, seja dom de Deus. Porque a caridade gera a caridade, a caridade substancial gera a acidental. Quando significa Aquele que a gera, é o nome da substância; quando significa o dom, é o nome de uma qualidade. Essa é a lei eterna, criadora e governadora do universo. Por meio dela o universo foi criado em peso, medida e número, e nada é deixado sem lei, pois ela mesma, lei de todas as coisas, não está sem lei, mas obedece a uma que não é senão ela mesma, com a qual, mesmo não se criando, governa a si mesma.

XIII
Sobre a lei da vontade própria e da cobiça, dos escravos e dos mercenários

36 De resto, o escravo e o mercenário têm uma lei que não receberam do Senhor, mas que fizeram por si mesmos: o primeiro não amando a Deus, o segundo amando mais uma outra coisa. Eles têm uma lei, digo, que não é do Senhor, mas deles; contudo, ela também está submetida à Lei do Senhor. Certamente, ambos fizeram sua própria lei, mas não puderam subtraí-la à ordem imutável da lei eterna. Então, eu diria que cada um fez a sua lei por si enquanto antecipou a própria vontade à lei comum e eterna, querendo imitar erroneamente o Criador, de modo que, como Ele é lei por si mesmo e depende só de si, assim também cada um deles regesse si mesmo e tornasse sua vontade lei por si. Ai de mim, que jugo tão pesado e insuportável pesa sobre todos os filhos de Adão, que dobra e curva nossas cabeças a tal ponto que nossa vida está à beira do inferno (cf. Sl 87,4). *Infeliz de mim, quem libertar-me-á deste corpo de morte?* (Rm 7,24), pelo qual sou esmagado e quase oprimido, assim que *se o Senhor não viesse em meu socorro, em breve minha alma habitaria no inferno* (Sl 93,17). Oprimido sob este peso, gemia aquele que falava: *Por que me puseste em posição oposta de ti, que cheguei a ser um peso para mim mesmo?* Quando ele disse: *cheguei a ser um peso para mim mesmo*, mostra ter-se tornado lei por si mesmo, sem que outro fizesse isso senão ele mesmo.

Mas quando, falando para Deus, declarou: *puseste-me em posição oposta de ti*, mostrou que não conseguiu escapar da Lei de Deus. De fato, sempre foi próprio da lei eterna e justa de Deus que quem não queria ser governado suavemente por Ele, se governasse por si mesmo quase como castigo, e quem voluntariamente jogava fora o jugo suave e o peso leve da caridade, sustentasse o peso insuportável da própria vontade a contragosto. Por isso, em modo admirável e justo, a lei eterna pôs em posição contrária a si, mantendo-o subjugado, quem fugia dela, porque pelas culpas não escapou da lei da justiça e, sujeito ao domínio e afastado da felicidade, não permaneceu com Deus na sua luz, na sua paz, na sua glória. Ó Senhor meu Deus, *por que não perdoas meu pecado e não levas embora minha iniquidade?* (Jó 7,21), para que, jogado fora o fardo pesado da vontade própria, possa respirar sob o ônus leve da caridade, não fique preso pelo temor do escravo, não seja aliciado pela cobiça mercenária, mas seja impelido pelo teu espírito, um espírito de liberdade, através do qual são impelidos teus filhos, e receba dele um testemunho para meu espírito, que eu também sou um dos filhos (cf. Rm 8,14-16), pois existo pela mesma lei que é para ti e, como Tu és, assim eu também existo nesse mundo? Aqueles que fazem o que diz o Apóstolo: *Não devais nada a ninguém, a não ser o amor mútuo* (Rm 13,8), sem dúvida são como Deus, e nesse mundo não são nem escravos e nem mercenários, mas filhos.

XIV
Sobre a lei da caridade dos filhos

37 Portanto, nem os filhos estão sem lei, a não ser que alguém entenda em modo diferente por causa do que foi escrito: *Aos justos não foi imposta uma lei* (1Tm 1,9). Mas deve-se saber que uma coisa é a lei promulgada pelo espírito da escravidão no temor, outra coisa é aquela concedida pelo espírito da liberdade na suavidade. Os filhos não podem ser forçados sob a primeira, mas nem conseguem viver sem a segunda. Queres ouvir por que não foi imposta uma lei aos justos? *Não recebestes,* diz São Paulo, *um espírito de escravidão para recair no temor.* Entretanto, queres ouvir por que os justos não podem existir sem a lei da caridade? *Mas recebestes,* acrescenta, *um espírito de filhos adotivos* (Rm 8,15). Enfim, escuta como o justo declara-se a respeito de ambas as coisas e não está sob uma lei, mas também não existe sem uma lei: *Fiz-me,* afirma, *para aqueles que estavam sujeitos à lei, como se estivesse sujeito à lei; com aqueles que não estavam sujeitos à lei, fiz-me como se vivesse sem a lei; ainda que não viva sem a Lei de Deus, pois estou sob a Lei de Cristo* (1Cor 9,21). De onde, não se diz oportunamente que os justos não têm lei ou que estão sem lei, mas: *Aos justos não foi imposta uma lei,* isto é, não foi imposta a despeito deles, mas foi-lhes dada em modo digno de homens que atuam de livre vontade, tão livremente enquanto inspirada suavemente. Por isso o Senhor diz: *Tomai sobre vós o meu jugo* (Mt 9,29), como se dissesse: não o imponho a despeito de vós, mas, se quiserdes, tomai-o; caso contrário, não encontrareis descanso para as vossas almas, mas fadiga.

38 A lei da caridade, portanto, é boa e suave, não só é suportada fácil e suavemente, mas torna suportáveis e leves até mesmo as leis dos escravos e dos mercenários, que em todo caso não destrói, mas faz com que sejam implementadas, como diz o Senhor: *Não vim revogar a lei, mas cumprir* (Mt 5,17). Modera aquela, dispõe essa, alivia uma e outra. A caridade nunca será sem temor, mas um temor puro; e nunca será sem desejo, mas um desejo bem ordenado. A caridade, portanto, implementa a lei do escravo quando infunde devoção e implementa a lei do mercenário quando regula a cobiça. Por outro lado, a devoção misturada com o temor não o anula, mas o torna puro. É excluída somente a punição, sem a qual não pôde existir enquanto era a punição do escravo, e o temor permanece nos séculos dos séculos puro e filial. De fato, quando se lê: *A perfeita caridade lança fora o temor* (1Jo 4,18), deve-se entender a ideia da punição que, como dissemos, nunca pode faltar ao temor do escravo, e deve-se interpretar como um gênero de locução com a qual, muitas vezes, a causa é colocada no lugar do efeito.

Enfim, a cobiça é regulada justamente por uma caridade que se sobrepõe, porque, pelo menos, as coisas más são totalmente desdenhadas, as melhores são preferidas às boas, e as boas não são desejadas senão por causa das melhores. Quando, pela graça de Deus, será alcançado plenamente esse estado, o corpo e todos seus bens serão amados somente por causa da alma, os bens da alma por causa de Deus, mas Deus por causa dele mesmo.

XV
Sobre os quatro graus do amor e o estado de felicidade na pátria celestial

39 Muito embora sejamos carnais e nasçamos da concupiscência da carne, é inevitável que a cobiça ou o nosso amor comece pela carne, que, se for dirigida para uma boa ordem e se, guiada pela graça, progredir nos graus que lhe dizem respeito, será finalmente aperfeiçoada pelo espírito, porque *primeiro não foi feito o que é espiritual, mas o que é animal, e o que é espiritual vem depois* (1Cor 15,46). Por isso, é inevitável que carreguemos primeiro a aparência terrestre e depois a celestial. Em primeiro lugar, então, o homem ama si mesmo por causa de si mesmo; sendo que é carne, não há nada que mereça ser conhecido além de si mesmo. Quando dá-se conta que não pode subsistir por si só, começa a procurar pela fé e a amar a Deus como necessário para si. Ama a Deus, portanto, em um segundo grau, mas por si e não por Ele. Mas quando, pela própria necessidade, se apresentar a ocasião de cultuá-lo e honrá-lo em pessoa, pensando, lendo, rezando e obedecendo, haverá paulatina e gradativamente certa familiaridade com Deus, que torna-se mais conhecido e, por conseguinte, mais doce; assim o homem, saboreando quão suave é o Senhor, passa para o terceiro grau, quando ama a Deus não mais por causa de si, mas por Ele mesmo. Deveras, nesse grau permanece-se por longo tempo: eu não sei se, nessa vida, o quarto grau consiga ser abraçado perfeitamente por alguém entre os homens, ou seja, se o homem consiga amar a Deus somente por Ele mesmo. Asseverem isso, se houver, aqueles que o experimentaram: a mim, confesso, parece impossível. Ao contrário, isso sem dúvida acontecerá quando o servo bom e fiel for introduzido na alegria do seu Senhor (cf. Mt 25,21), e for inebriado pela abundância da casa de Deus (cf. Sl 35,9). Como por um milagre, em algum modo olvidado de si e desprendido profundamente de si mesmo, dirigir-se-á todo para Deus: em seguida, tornando-se intimamente unido a Ele, formará com Ele um só espírito (cf. 1Cor 6,17). Creio que o Profeta percebesse isso quando dizia: *Entrarei nos poderes do Senhor; ó Senhor, recordarei somente a tua justiça* (Sl 70,16). Certamente, ele sabia que, uma vez que entrasse nas potências espirituais do Senhor, ter-se-ia despido de todas as enfermidades da carne, de tal forma que nada mais tivesse que pensar em relação a ela, mas, todo no espírito, se lembrasse somente da justiça do Senhor.

40 Então, certamente, cada um dos membros de Cristo poderá dizer de si aquilo que Paulo dizia da cabeça: *Mesmo se conhecemos Cristo segundo a carne, agora não o conhecemos assim* (2Cor 5,16). Ninguém, naquele momento, conhecerá a si mesmo segundo a carne, porque a carne e o sangue não possuirão o Reino de Deus. Não porque naquele lugar não haverá, futuramente, a substância da carne, mas porque faltará toda necessidade carnal, o amor da carne terá que ser absorvido pelo amor do espírito e as afeições humanas, que agora estão enfermas, terão que ser trocadas por aquelas divinas. Então, a rede da caridade que agora, arrastada por este mar amplo e espaçoso, não deixa de reunir todo gênero de peixe, quando for conduzida para a praia guardará somente os bons e jogará fora os maus (cf. Mt 13,47-48). Sendo que, nessa vida, a rede da caridade contém todo gênero de peixes no bojo da sua largura, conformando-se a todas as coisas segundo as circunstâncias, atravessando em si seja as adversidades, seja as prosperidades, tornando-as em certo modo suas, acostumou-se não somente a regozijar-se com aqueles que se alegram, mas também a derramar lágrimas com aqueles que choram (cf. Rm 12,15). Mas, quando chegar à praia e jogar fora como peixes estragados todas as coisas tristes, conservará somente as que poderão ser prazerosas e alegres. E então, por exemplo, será que Paulo poderá enfraquecer-se com os enfermos ou inflamar-se com aqueles que escandalizam-se (cf. 2Cor 11,29), se escândalos e enfermidades estiverem bem longe? Ou, talvez, chorará por aqueles que não fazem penitência (cf. 2Cor 12,21), quando com certeza não haverá nem pecadores, nem penitentes? Longe de mim pensar que ele chore e lamente aqueles que foram condenados ao fogo eterno com o diabo e seus anjos, naquela cidade que o ímpeto do rio alegra, cujas portas o Senhor ama mais do que todas as tendas de Jacó. Porque nas tendas, embora uma vez ou outra goze-se da vitória, sofre-se em combate e, na maioria das vezes, arrisca-se a vida: naquela pátria, contudo, não admite-se nenhuma adversidade ou tristeza, como dela se canta: *Em ti é a morada de todos aqueles que se alegram* (Sl 86,2.7), e ainda: *Gozarão de uma alegria eterna* (Is 61,7). Enfim, como recordar-se-á da misericórdia, quando lembrar-se-á somente da justiça de Deus? Portanto, quando não haverá mais lugar para a infelicidade ou tempo para a compaixão, certamente não haverá mais o sentimento da piedade.

ELEMENTOS DE ANTROPOLOGIA TEOLÓGICA
Alfonso García Rubio

O livro explica as relações fundamentais constitutivas da pessoa humana. Em quatro abordagens: a relação com Deus; as relações inter-humanas; as relações entre os seres humanos e o meio ambiente; e as relações da pessoa consigo mesma. Focaliza a realidade da ambigüidade radical da vida humana bem como a realidade do mal e do pecado, no âmbito pessoal-individual e no mundo social e político.

O HUMANO INTEGRADO
Alfonso García Rubio

Partindo de uma visão integrada do homem e da vida cristã, este livro busca enfrentar o reducionismo religioso presente no mundo contemporâneo. Características como o imediatismo, o individualismo e as perspectivas reducionistas da cultura moderna e pós/moderna, causam simultaneamente, a abundância de tendências religiosas e a carência de diálogo, crítica e religiosidade.

O PRINCÍPIO DE TODAS AS COISAS
Hans Küng

É possível agir e pensar racionalmente quando se tem uma enorme fé cristã ? Na atmosfera
  apso que se busca entender e colocar em prática. Neste livro encontram-se as respostas dadas pela ciência natural, pela filosofia e pela religião, pois, segundo o autor, somente unidas é que ciência e religião podem dar resposta à questão sobre "o que mantém o mundo interiormente unido".

Clássicos da Espiritualidade

Confira outros títulos da coleção em

livrariavozes.com.br/colecoes/classicos-da-espiritualidade

ou pelo Qr Code

Conecte-se conosco:

f   facebook.com/editoravozes

◉   @editoravozes

𝕏   @editora_vozes

▶   youtube.com/editoravozes

🟢   +55 24 2233-9033

www.vozes.com.br

Conheça nossas lojas:

www.livrariavozes.com.br

Belo Horizonte – Brasília – Campinas – Cuiabá – Curitiba
Fortaleza – Juiz de Fora – Petrópolis – Recife – São Paulo

EDITORA VOZES LTDA.
Rua Frei Luís, 100 – Centro – Cep 25689-900 – Petrópolis, RJ
Tel.: (24) 2233-9000 – E-mail: vendas@vozes.com.br